DIESES BUCH GEHÖRT

....

....

Mein 52-Listen-Projekt

für mehr Gelassenheit und Lebensfreude

Mein 52-Listen-Projekt

für mehr Gelassenheit und Lebensfreude

MOOREA SEAL

Illustrationen von Julia Manchik
Fotos von Julia und Yuriy Manchik

Lifestyle
BUSSE
SEEWALD

Impressum

Für die deutsche Ausgabe:
Übersetzung: Wiebke Krabbe
Produktmanagement und Lektorat: Christine Rauch
Druck und Bindung: Neografia, Slowakei

Die Originalausgabe erschien 2015 unter dem Titel *The 52 Lists Project* bei Sasquatch Books, Seattle.

Illustrationen: Julia Manchik
Fotos: Julia und Yuriy Manchik

1. Auflage 2017

ISBN: 978-3-7724-7447-7 • Best.-Nr. 7447

Für meine kleinen Schwestern, die mich seit ihrer Geburt dazu inspiriert haben, mitfühlender zu sein, bewusster zu leben und jeden Tag ein bisschen achtsamer zu werden. Ihre bloße Anwesenheit hat mich gelehrt, dass man sich selbst lieben muss, um andere lieben zu können. Und ihre Liebe ist alles, was sich eine große Schwester wünschen kann.

Es ist ganz alltäglich, Listen zu schreiben. Wir halten wichtige Schritte schriftlich fest, wenn wir Pläne schmieden. Wir notieren uns Aufgaben, die zu erledigen sind. Wir schreiben Lebensziele auf, leben mit Playlists und Einkaufslisten. Die Listen, die wir schreiben, erzählen viel über unsere Gedanken, Sehnsüchte oder Wünsche.

Ich habe schon immer gern Listen geschrieben. Bei der Arbeit jongliere ich mit drei verschiedenen Listen, um den Überblick zu behalten. Einer der ersten Blogs, den ich geschrieben habe, bestand fast nur aus Listen meiner Lieblingsdinge und hieß passenderweise »Miss Lists«. Kürzlich kam ich zu der Erkenntnis, dass mir die Listen nicht nur dabei helfen, meine Aufgaben und Ziele im Blick zu behalten. Listen sind auch ein Mittel zur Selbsterforschung, und sie können einfach Spaß machen.

Mit diesem Buch lade ich Sie dazu ein, sich jede Woche einen Moment Zeit für den Blick nach innen zu nehmen, und die Schönheit, die Freude, die Kreativität und die Kraft zu entdecken, die bereits in Ihnen steckt.

Entscheiden Sie selbst, ob Sie mit Liste 1 oder mit der aktuellen Jahreszeit beginnen wollen. Blättern Sie hin und her, fühlen Sie die Stimmung jeder Jahreszeit und genießen Sie die Entdeckungsreise in Ihr inneres Selbst. Ich bin sicher, dass das Jahr der Listen eins Ihrer besten werden wird, und ich freue mich, dass ich Teil Ihrer unglaublichen Reise sein darf.

Viel Vergnügen!

Xo Moorea Seal

Get together

Während Sie diese Zeilen lesen, begeben sich auch viele Gleichgesinnte auf diese Reise der Selbstreflexion und Selbstentdeckung. Wenn Sie sie kennen lernen möchten, können Sie Ihre wöchentlichen Listen unter dem Hashtag **#52ListsProject** posten. Wir können so viel lernen, wenn wir regelmäßig nach innen blicken. Und noch viel mehr gibt es zu entdecken, wenn man gemeinsame Erfahrungen teilt und sich mit anderen austauscht. Vielleicht finden Sie sogar neue Freunde, wenn Sie Ihre Listen in den sozialen Medien teilen.
Ich selbst bin im Netz unter @mooreaseal zu finden. Ich freue mich darauf, Ihre Reisen im Jahreslauf zu verfolgen.

Besuchen Sie **MooreaSeal.com/pages/52Lists,** um mitzumachen.

Inhalt

Winter

Frühling

Sommer

Herbst

Winter

Liste 1

MEINE ZIELE UND WÜNSCHE FÜR DIESES JAHR

AKTIV WERDEN! Wie könnte der richtige Weg zu Ihrem größten Ziel aussehen? Tun Sie diese Woche den ersten Schritt.

Liste 2

MEINE LIEBLINGSFIGUREN AUS BÜCHERN,
FILMEN USW.

AKTIV WERDEN! Haben Sie Gemeinsamkeiten mit diesen Figuren? Welche Charaktereigenschaft bewundern Sie an Ihrer Lieblingsfigur, und wie können Sie sich ihr diese Woche ein Stück annähern?

Liste 3

DIE GLÜCKLICHSTEN MOMENTE MEINES
BISHERIGEN LEBENS

AKTIV WERDEN! Oftmals vergisst man die wunderbaren Ereignisse im Leben viel zu schnell. Schauen Sie sich die Liste in dieser Woche täglich an. Ist Ihr Leben nicht schön?

Liste 4

DIE PLAYLIST MEINES LEBENS

AKTIV WERDEN! Speichern Sie die Playlist als Erinnerung an die Person, die Sie heute sind. Schauen Sie die Liste im Sommer und noch einmal im Winter an, um zu sehen, ob Ihre Vorlieben von der Jahreszeit abhängen.

Liste 5

WIE ICH MIR MEIN LEBEN
IN ZEHN JAHREN VORSTELLE

AKTIV WERDEN! Welche Schritte können Sie schon heute tun, damit Ihre Zukunftswünsche wahr werden?

MADE IN NORWAY
MADE IN NORWAY

Liste 6

DINGE, DIE MIR SPASS MACHEN

AKTIV WERDEN! Tun Sie diese Woche bewusst jeden Tag etwas, das Spaß macht. Man verfällt schnell in Gewohnheiten. Wieso nicht auch Spaß zur Gewohnheit werden lassen?

Liste 7

MENSCHEN, DIE MEINEN TAG VERSCHÖNERN

AKTIV WERDEN! Schreiben Sie jemandem von der Liste eine schöne Karte oder machen Sie ihm oder ihr eine andere Freude, die das Leben leichter, einfacher oder schöner macht.

Liste 8

MEINE LIEBLINGSZITATE

AKTIV WERDEN! Was haben die Zitate gemeinsam? Machen Sie eine Eigenschaft oder ein Thema zum Motto dieser Woche.

Liste 9

DINGE, DIE MIR BESONDERS VIEL BEDEUTEN

AKTIV WERDEN! Wie können Sie Ihre Wertschätzung aktiv ausdrücken? Finden Sie diese Woche Möglichkeiten, wie Sie sich mit Lieblingsdingen oder -menschen umgeben können.

Liste 10

DINGE, DIE ICH NICHT SO WICHTIG NEHMEN SOLLTE

AKTIV WERDEN! Streichen Sie alle Einträge durch und konzentrieren Sie sich darauf, positive Veränderungen umzusetzen.

Liste 11

IDEEN, UM MEINE WOHNUNG AUFZUFRISCHEN

AKTIV WERDEN! Verwirklichen Sie diese Woche eine Idee und achten Sie darauf, wie sich Wohnung (und Stimmung) verändern.

Liste 12

MEINE BESTEN EIGENSCHAFTEN

AKTIV WERDEN! Ergänzen Sie die Liste in den kommenden Monaten, wenn Ihnen weitere Dinge auffallen, die Sie unverwechselbar machen. Es gibt eine Menge, worauf Sie stolz sein können.

Liste 13

DINGE, DIE MEINE STIMMUNG HEBEN

AKTIV WERDEN! Kreisen Sie die Dinge auf Ihrer Liste ein, für die Sie selbst sorgen können. Sie sind Ihres Glückes Schmied!

Frühling

Liste 14

IDEEN FÜR DEN FRÜHJAHRSPUTZ MEINES LEBENS

AKTIV WERDEN! Nehmen Sie sich einen Bereich vor: Wohnung, Kleiderschrank, Körper oder Geist. Sie werden sehen, es erfrischt ungemein.

Liste 15

REISEZIELE, VON DENEN ICH TRÄUME

AKTIV WERDEN! Was tun Sie besonders gern im Urlaub? Wie können Sie ähnliche Dinge im normalen Wochenablauf einplanen?

Liste 16

DINGE, AUF DIE ICH NICHT VERZICHTEN KANN

AKTIV WERDEN! Sind es praktische oder emotionale Dinge? Denken Sie diese Woche darüber nach, was diese Dinge über Sie aussagen.

Liste 17

SCHWIERIGE MOMENTE, DIE MICH
EINEN SCHRITT VORANGEBRACHT HABEN

AKTIV WERDEN! Lesen Sie die Liste laut Ihrem Spiegelbild vor. Sie haben Situationen gemeistert, die fast schon aussichtslos waren, und etwas Positives daraus gezogen. Großartig!

Liste 18

DINGE, DIE MICH MOTIVIEREN

AKTIV WERDEN! Nutzen Sie täglich ganz bewusst einen der Motivatoren, um in Schwung zu kommen und Erfolge verbuchen zu können.

Liste 19

MENSCHEN, DENEN ICH GERN ÄHNLICH WÄRE

AKTIV WERDEN! Es gibt viele bemerkenswerte Personen, zu denen man aufschauen kann. Wählen Sie eine und überlegen Sie, wie Sie ihr ähnlicher werden können.

Liste 20

DINGE, DIE MEINEN GEIST BEFREIEN

AKTIV WERDEN! Nehmen Sie sich regelmäßig einmal pro Woche Zeit, sich dem wichtigsten dieser Dinge zu widmen. Sie haben sich etwas Leichtigkeit verdient.

Liste 21

DINGE, DIE ICH ERLEDIGEN MÖCHTE

AKTIV WERDEN! Starten Sie diese Woche ein neues Vorhaben und legen Sie fest, wann es erledigt sein soll.

Liste 22

LIEBLINGSORTE, DIE ICH BESUCHT HABE

AKTIV WERDEN! Was war so schön an diesen Orten? Planen Sie diese Woche einen Ausflug an ein Ziel in der Nähe, das Sie an einen Lieblingsort erinnert.

Liste 23

DINGE, DIE MICH ZUM LACHEN BRINGEN

AKTIV WERDEN! Tun Sie diese Woche bewusst mehr Dinge, die Sie zum Lachen bringen. Treffen Sie Leute, die Humor haben und Heiterkeit ausstrahlen.

Liste 24

MEINE MACKEN UND EIGENHEITEN

AKTIV WERDEN! Lesen Sie die Liste. Klingen manche Einträge negativ? Formulieren Sie sie neu – und zwar positiv. Dann kleben Sie sie an den Spiegel, um sich jeden Tag daran zu erinnern, dass Sie originell, charmant und wunderbar sind.

Liste 25

DINGE, DIE MIR KRAFT GEBEN

AKTIV WERDEN! Legen Sie eine Kopie der Liste in die Brieftasche – als tägliche Erinnerung, dass Sie jeder Herausforderung gewachsen sind. Mit der richtigen Motivation ist es viel einfacher, Schwierigkeiten zu überwinden.

Liste 26

DINGE, DIE ICH SOFORT IN MEINEM LEBEN ÄNDERN WÜRDE, WENN ICH KÖNNTE

AKTIV WERDEN! Nehmen Sie sich diese Woche eine kleine Veränderung vor, und sei es nur, das Bett frisch zu beziehen oder den Kleiderschrank aufzuräumen.

Sommer

Liste 27

DINGE, DURCH DIE ICH MICH KÖRPERLICH, SEELISCH UND GEISTIG GESUND FÜHLE

AKTIV WERDEN! Setzen Sie einige der gesunden Ideen um, damit Sie gut in die neue Woche starten.

Liste 28

DIE VERRÜCKTESTEN IDEEN,
DIE ICH GERN AUSPROBIEREN WÜRDE

AKTIV WERDEN! Manche Dinge sollte man tun, solange man es kann. Vielleicht wird es Zeit, dass Sie einmal Regeln brechen und etwas richtig Verrücktes tun?

Liste 29

MEINE TRAUMBERUFE AUS DER KINDHEIT
UND DER GEGENWART

AKTIV WERDEN! Erkundigen Sie sich konkret, wie Sie auf Ihren Traumberuf umsatteln könnten. Träume lassen sich nur verwirklichen, wenn man es ernsthaft versucht.

Liste 30

EIGENSCHAFTEN, DIE ICH AN ANDEREN BESONDERS BEWUNDERE

AKTIV WERDEN! Konzentrieren Sie sich diese Woche auf eine dieser Eigenschaften. Versuchen Sie jeden Tag, sie einmal auszuleben.

Liste 31

BEGRIFFE, DIE MEINE PERSÖNLICHKEIT BESCHREIBEN

AKTIV WERDEN! Lesen Sie die Liste noch einmal durch. Formulieren Sie Begriffe, die negativ klingen, positiv um. Statt »schüchtern« könnten Sie beispielsweise »zurückhaltend« schreiben.

Liste 32

DINGE, DIE MIR ENERGIE GEBEN

AKTIV WERDEN! Ob allein oder mit Freunden, planen Sie diese Woche etwas, wobei Sie Energie tanken. Notieren Sie danach Ihre Erfahrungen und Gefühle.

Liste 33

DINGE, IN DENEN ICH BESONDERS GUT BIN

AKTIV WERDEN! Nehmen Sie sich diese Woche einfach wichtiger. Gönnen Sie sich ein ausgiebiges, gesundes Frühstück oder sagen Sie morgens oder abends zu Ihrem Spiegelbild »Ich schaffe das«. Wenn dann eine Herausforderung kommt, werden Sie ihr gestärkt gegenüberstehen.

Liste 34

DINGE, DIE ICH SPANNEND FINDE

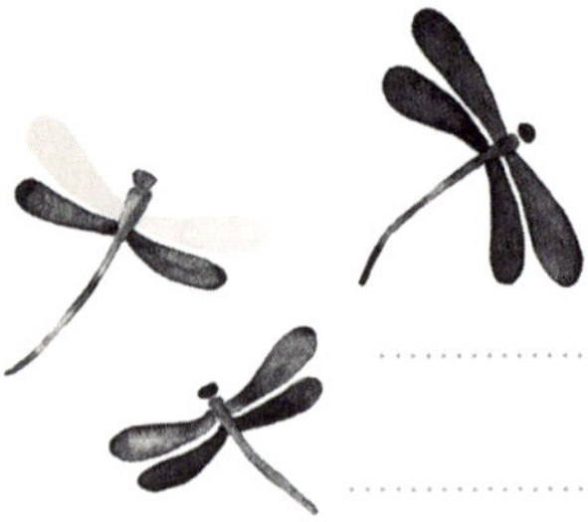

AKTIV WERDEN! Tun Sie diese Woche etwas, das neu und aufregend ist, und bei dem Sie Schmetterlinge im Bauch haben.

Liste 35

DINGE, DIE MICH AN DER
VERWIRKLICHUNG MEINER TRÄUME HINDERN

AKTIV WERDEN! Streichen Sie alle Hindernisse, die Sie nicht beeinflussen können. Wählen Sie eins, das innerhalb Ihres Einflussbereichs liegt, und räumen Sie es diese Woche aus dem Weg.

Liste 36

DINGE, DIE ICH GERN IM FREIEN TUE

AKTIV WERDEN! Können Sie einer Ihrer liebsten Indoor-Beschäftigungen auch im Freien nachgehen? Wussten Sie, dass man schnell und leicht Zufriedenheit und Glück empfindet, wenn man sich bewusst auf neue Erfahrungen einlässt?

Liste 37

MEINE EINKAUFSLISTE, WENN ICH EINE MILLION EURO NUR FÜR MICH AUSGEBEN KÖNNTE

AKTIV WERDEN! Erstaunt Sie ein Eintrag auf der Liste? Was sagt die Liste über Sie und Ihre Prioritäten, Vorlieben und Abneigungen aus?

Liste 38

IDEEN, UM NETT ZU MIR SELBST ZU SEIN

AKTIV WERDEN! Tun Sie sich jede Woche bis zum Ende des Jahres bewusst etwas Gutes: die Nägel lackieren, einen Spaziergang machen, etwas Feines kochen oder was immer Ihnen guttut.

Liste 39

DIE SCHÖNSTEN DINGE, DIE ICH
JE GESEHEN HABE

AKTIV WERDEN! Überlegen Sie sich einige umsetzbare Dinge, die den Alltag schöner machen und nichts kosten.

Herbst

Liste 40

20 SONGS, DIE MIR GUTE LAUNE MACHEN

AKTIV WERDEN! Speichern Sie die Songs als Playlist, damit Sie beim nächsten Stimmungstief die richtige Musik zur Hand haben.

Liste 41

DINGE, DIE ICH AM HERBST LIEBE

AKTIV WERDEN! Planen Sie einen schönen Herbsttag: Wohin gehen Sie? Was ziehen Sie an? Was tun Sie? Und dann verwirklichen Sie den Plan.

Liste 42

DINGE, DIE MICH FRIEDLICH STIMMEN

AKTIV WERDEN! Verzichten Sie einige Stunden oder einen Tag lang auf jegliche Technik. Tun Sie stattdessen etwas, das Sie zur Ruhe bringt. Notieren Sie danach Ihre Erfahrungen und Gefühle.

Liste 43

MEINE LIEBLINGSGERICHTE UND -NASCHEREIEN

AKTIV WERDEN! Teilen Sie diese Woche etwas Leckeres mit einem lieben Menschen. Sie können selbst etwas Feines kochen oder jemanden, den Sie mögen, ins Restaurant einladen.

Liste 44

WÖRTER, DIE MEINE SEELE WÄRMEN

AKTIV WERDEN! Kreisen Sie fünf Wörter ein, die mit Erfahrungen aus dem bisherigen Jahr zu tun haben. Unterstreichen Sie fünf Wörter, auf die Sie sich im restlichen Jahr konzentrieren möchten.

Liste 45

DINGE, DIE FÜR MICH ZU EINER SCHÖNEN ADVENTSZEIT GEHÖREN

....

....

....

....

....

....

....

....

....

....

....

....

....

....

....

AKTIV WERDEN! Überlegen Sie sich drei Dinge, die Sie für eine rundum gelungene Adventszeit vorbereiten können. Das kann eine liebevolle Dekoration sein, aber auch ein Moment des Innehaltens, um in dem Vorweihnachtstrubel Ruhe zu finden.

Liste 46

DINGE, DIE MIR WOHLBEHAGEN SCHENKEN

AKTIV WERDEN! Wärme und Behaglichkeit sind wunderbar. Versuchen Sie, möglichst viele Ideen an einem Tag oder Abend umzusetzen, am besten gleichzeitig. Es lohnt sich!

to:
Isabella

happy holidays
Joy

Liste 47

DINGE, FÜR DIE ICH DANKBAR BIN

AKTIV WERDEN! Bitten Sie eine gute Freundin, auch eine Dankbarkeitsliste zu schreiben und tauschen Sie die Listen. Dankbar zu sein ist ein schönes Gefühl, und es wird noch besser, wenn man es mit jemandem teilen kann.

Liste 48

DINGE, UM DIE ICH MEIN LEBEN
BEREICHERN MÖCHTE

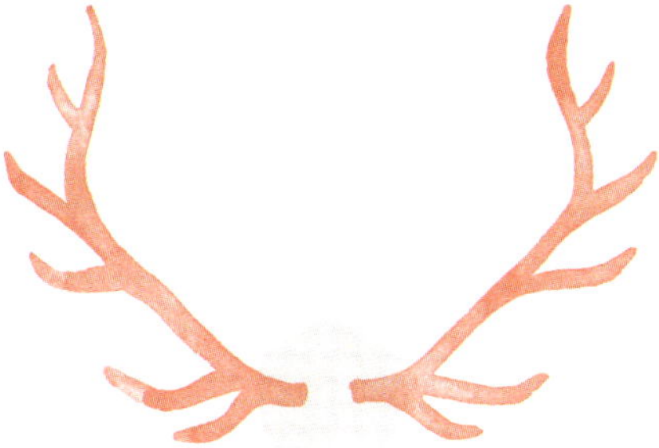

AKTIV WERDEN! Wenn Weihnachten näher rückt, denken wir über Wünsche und Geschenke nach. Das darf so sein. Wünschen Sie sich auch etwas, das man nicht anfassen und einwickeln kann?

Liste 49

MEINE LIEBLINGSBÜCHER

AKTIV WERDEN! Lesen Sie diese Woche ein Kapitel aus Ihrem Lieblingsbuch, um sich daran zu erinnern, warum es Ihnen so gut gefällt.

Liste 50

MEINE GRÖSSTEN ERFOLGE

AKTIV WERDEN! Unsere eigenen Erfolge sehen wir selten sofort, sondern meist erst mit zeitlichem Abstand. Nehmen Sie sich heute eine halbe Stunde Zeit, um sich einfach über das zu freuen, was Sie geschafft haben.

Liste 51

DINGE, FÜR DIE ICH GERN BEKANNT WÄRE

AKTIV WERDEN! Was haben Sie dieses Jahr unternommen, um der Mensch zu werden, der Sie gern wären? Welche Schritte planen Sie für das nächste Jahr?

Liste 52

Die letzte Liste des Jahres!

DIE BEMERKENSWERTESTEN MOMENTE
MEINES VERGANGENEN JAHRES

AKTIV WERDEN! Was für ein Jahr! Wie jedes Jahr hatte es Höhen und Tiefen. Aber weil Sie sich die Zeit genommen haben, jede Woche Gedanken und Gefühle aufzuschreiben, besitzen Sie nun ein Buch, das Ihre eigene Entwicklung beschreibt. Blättern Sie diese Woche darin, um Erfahrungen und Lernerfolge Revue passieren zu lassen. Sie haben eine Menge geschafft!

MOOREA SEAL ist eine in Seattle ansässige Ladenbesitzerin und Designerin mit einer großen Fangemeinde bei Pinterest. Ein Teil der Erlöse ihres gleichnamigen Modelabels, Moorea Seal, kommt gemeinnützigen Organisationen zugute. Neben ihrem sozialen Engagement ist es ihr ein großes Anliegen, Mädchen und Frauen zu mehr innerer Stärke zu verhelfen. Mehr unter MooreaSeal.com